AF243568

L'URGENCE

DE

L'AMNISTIE

Par M. BONNEFOUS

> Il n'est pas de spectacle plus beau que celui du proscrit debout à l'horizon et de la patrie lui ouvrant les bras.
>
> VICTOR HUGO

PRIX : 50 CENTIMES

EN VENTE A LA LIBRAIRIE MASSIP
21, Rue Lafayette, 21

1880

L'URGENCE

DE

L'AMNISTIE

Par M. BONNEFOUS

> Il n'est pas de spectacle plus beau que celui du proscrit debout à l'horizon et de la patrie lui ouvrant les bras.
>
> **VICTOR HUGO**

PRIX : 50 CENTIMES

EN VENTE A LA LIBRAIRIE MASSIP

2, Rue Lafayette, 2

—

1880

L'URGENCE DE L'AMNISTIE !

Le 12 février dernier, et à propos du débat ouvert de nouveau sur l'amnistie, le gouvernement, par l'organe de M. de Freycinet, s'exprimait en ces termes : « Une amnistie doit être appropriée au milieu qui la reçoit ; elle doit être appelée par l'opinion. Avant d'être inscrite dans les lois, elle doit être inscrite dans les esprits.

Est-ce le cas aujourd'hui ? Peut-on dire que l'amnistie qu'on vous demande est appelée par l'opinion ? que la cause de l'amnistie est gagnée auprès de la majorité de nos concitoyens ? Non !

Peut-être auprès de la majorité de quelques grandes villes — ou plutôt auprès de certaine partie de la majorité de quelques grandes villes — auprès de cette partie de la majorité qui s'enflamme volontiers pour les grands mots et pour les grandes causes, qui est facilement entraînée par une parole éloquente, mais qui ne mesure pas la portée de son approbation ! »

Mais cette approbation n'a pas d'écho dans le reste du pays ! »

M. de Freycinet parlait-il sincèrement ? son langage

était-il vraiment le langage du pays? exposait-il bien réellement la situation de la France vis-à-vis de l'amnistie? Est-il reconnu que l'approbation que les grandes villes — ou du moins la majorité de quelques grandes villes — accorde à la cause de l'amnistie soit irréfléchie, inconséquente, sans consistance? Est-il vrai, en un mot, que cette approbation n'ait pas d'écho dans le reste du pays?

Supposons un instant que cela soit, et que, ainsi que l'affirme M. de Freycinet, la cause de l'amnistie n'ait pas d'écho dans le reste du pays. Que résultera-t-il de cette hypothèse?

Tout naturellement, la nécessité de faire cet écho dans le pays. Et comme l'amnistie est une mesure reconnue utile, mais seulement inopportune, et à laquelle se montre favorable le Cabinet actuel, ce même Cabinet ne pourra voir d'un mauvais œil qu'un citoyen écrive quelques lignes dans le seul but de faire que cet écho, qui a déjà frappé la fine et généreuse oreille des grandes villes, se répercute plus vite dans le reste du . pays.

Or, qu'est-ce qui, jusqu'ici, a intercepté la répercussion de cet écho dans les campagnes? S'il faut en croire M. de Freycinet, il faudrait attribuer ce retard « aux inquiétudes » que leur cause cette question de l'amnistie.

Des inquiétudes !... Voilà donc ce qu'éprouvent les campagnes lorsqu'on leur parle d'amnistie. Voilà ce qui, momentanément, empêche le ministère d'accorder l'amnistie ! Quels que soient « les sentiments intimes » du Cabinet, quel que soit « son désir d'apaisement, » il ne peut sacrifier le pays aux sentiments dont il est animé. Mandataires du peuple, les ministres sont tenus d'exécuter toutes ses volontés, rien que ses volontés, allassent-elles même à l'encontre de leurs vœux les plus chers ! Quel beau trait ! C'est noble et grand comme l'antiquité !

Et le sacrifice du ministère en cette occurence ne laisse pas que de me toucher à l'infini ! Bon M. de Freycinet ! tendre M. Lepère ! sensible M. Cazot ! généreux Magnin ! brave Tirard ! larmoyant Ferry ! etc., serait-il possible ? Vous sacrifieriez vos sentiments aux sentiments de la nation ! Vous vous causeriez volontairement de la peine ! Mais savez-vous bien que je ne le souffrirai pas, moi ? savez-vous que je vais aviser à cela ? savez-vous que, pour y arriver, je vais tâcher d'amener le pays à vos sentiments en dissipant ses égoïstes inquiétudes !

Oui, je vais dissiper ses inquiétudes, à ce maudit pays, pour lequel vous vous sacrifiez, pour lequel vous abandonnez vos espérances les plus chères. Abnégation sublime !

Et savez-vous comment je vais m'y prendre pour dissiper ses inquiétudes? Non, la douleur vous aveugle! vos yeux ruissellent! vous ne tarissez plus ! Eh bien ! voici : je vais l'instruire cet ignorant. On dit que l'instruction rend sage.

Et sur quoi? me demandez-vous, ô Lepère, ô Freycinet et Cⁱᵉ.

Sur quoi? D'abord sur cette page sombre et sanglante de la Commune. J'ai en tête de le rassurer, j'y parviendrai; et vos sentiments, je les lui ferai également partager. Alors seulement je serai satisfait, car le terme de votre sacrifice approchera.

« Vos sentiments intimes, votre désir d'apaisement, » étant l'objectif universel, aucun obstacle ne vous empêchera de faire prévaloir et ces sentiments et ce désir. Vous confondrez ainsi vos ennemis, vous n'en laisserez pas échapper l'occasion, je l'espère. A présent, je vous quitte; adieu. Je parle au peuple, aux campagnes : j'instruis. C'est ma tâche qui commence. Nous nous reverrons encore, lorsqu'elle sera achevée,

Vous, citoyens des campagnes, écoutez, écoutez cette sombre page de la Commune que l'histoire marquera d'une immense tache rouge.

« Un jour, alors que Paris demandait à marcher contre l'ennemi, — les hommes qu'il avait, seul, nommés avec l'unique mission de faire la guerre aux

Prussiens et de maintenir la République — se déclarèrent impuissants à accomplir l'œuvre dont ils s'étaient chargés, et, au lieu de se démettre selon leur devoir, et de laisser à Paris, dont ils tenaient leur mandat, le soin de les remplacer par de plus dignes ; — parjures à leur serment et violateurs du mandat reçu — ils préférèrent livrer la France aux Allemands plutôt que d'essayer de la laisser sauver par les éléments révolutionnaires.

Ils se rendirent secrètement au camp ennemi et signèrent les préliminaires d'une paix qui devait être soumise à la sanction d'une Assemblée nationale convoquée à ce seul effet.

Un frémissement de colère et d'indignation circula dans tout Paris à la nouvelle de cette trahison ; mais le patriotisme l'emporta sur l'indignation. Le peuple parisien, espérant que le cœur du reste de la France battrait comme le sien, se résigna à attendre le résultat du scrutin, ne pouvant pas croire que l'effarement de l'esprit public en fût venu, dans les départements non envahis, à vouloir la paix à tout prix.

On sait comment la terreur de la guerre, que le gouvernement avait contribué à répandre, surtout dans les campagnes, amena la nomination d'une Assemblée composée en grande partie de monarchistes qui s'étaient présentés, tous, comme partisans de la paix, tandis que les républicains, plus jaloux de l'honneur de la patrie que du succès le leurs candidatures, s'étaient déclarés pour la continuation d'une guerre qu'ils avaient désapprouvée.

Paris fut atterré de ce résultat; cependant il se montra disposé à le subir, pourvu que les élus de la paix ne dépassassent pas la limite de leur mandat, qui était uniquement de décider de la question de paix ou de guerre.

Mais quand il vit d'abord l'attitude de la majorité capitularde vis-à-vis de Garibaldi et, ensuite, les tendances à se déclarer Assemblée Constituante, une irritation progressive éclata de proche en proche.

La France démembrée, la souveraineté nationale usurpée, coup sur coup par les Jules Favre et consorts, et par les députés de la réaction, monarchistes !

Paris ne voulut pas, ne put pas admettre que ce fût pour un pareil résultat qu'il avait supporté presque seul le poids de la guerre et les horreurs du siége.

Plutôt l'écrasement complet !

C'est sous l'impression de ce désespoir patriotique qu'il se souleva en masse pour sauver, au moins, la République menacée par les fractions usurpatrices.

Le gouvernement de la Commune fut alors organisé ; et son programme le voici :

Programme de la Commune de Paris.

—

Egalité des droits civils et politiques de l'homme et de la femme ;

L'individu libre dans la famille ;

La famille libre dans la Commune ;

La Commune libre dans l'Etat ;

L'Etat libre dans la nation ;

La nation libre dans l'humanité ;

L'éducation commune, gratuite, professionnelle, obligatoire et laïque ;

Suppression des armées permanentes ;

Séparation de l'Eglise et de l'Etat ;

La propriété collective substituée à la propriété individuelle ;

A chacun sa part dans l'héritage commun ;

Le mariage civil et religieux remplacé par un contrat de société à durée limitée, et subordonné aux convenances réciproques entre la femme et le mari ;

La loi de justice et de réciprocité appliquée en tout et pour tout ;

Le salaire des fonctionnaires égal au salaire de l'ouvrier et de l'ouvrière ;

Assistance à l'enfance, aux malades, aux vieillards,

à ceux et à celles qui, pour une cause quelconque, seraient empêchés de travailler ;

Abolition de la peine de mort ;

A chacun selon ses besoins ;

De chacun suivant ses forces ;

Tous pour chacun, chacun pour tous ;

Ni riches, ni pauvres : le bien-être universel ;

Toutes les aspirations hardies, généreuses, charita-
bles, vraiment libérales et démocratiques se trouvaient
formulées, comme on voit, dans ce programme. C'en
est assez pour imposer silence à cette catégorie de personnes qui, volontiers, prendraient plaisir à dénaturer
le vrai but de cette insurrection.

« La proclamation de la Commune fut donc la conséquence logique, inévitable des épouvantables souffrances déjà subies et de celles que les projets liberti-
cides, hautement avoués, de la réaction autoritaire
donnaient à présager pour l'avenir. »

Je m'abstiendrai de toute appréciation et de toute
apologie au sujet des détails de la lutte.

Je sais trop ce qu'il en a coûté à l'amnistié Humbert
pour avoir osé, sous un gouvernement étiqueté républicain, et devant la tombe d'un de ses compagnons
d'exil, prononcer ce mot de prostituée, dont il voulait
flétrir la justice des conseils de guerre. Beaucoup l'ont
trouvé juste !

« Je me bornerai à constater, comme d'autres l'ont déjà fait, comme l'a fait encore M. Emile Digeon, auquel j'emprunte ces quelques lignes, quatre points caractéristiques :

1° Que des propositions de conciliation apportées par des délégués de province furent acceptées par le gouvernement de la Commune et repoussées par celui de Versailles ;

2° Que la Commune proposa l'échange des otages, et que cet échange fut repoussé par M. Thiers ;

3° Que ce fut du côté des Versaillais que commencèrent les exécutions sommaires et les incendies par les obus ;

4° Que M. Thiers répondit aux délégués de la province, porteurs des propositions de conciliation : « On ne parlemente pas avec des insurgés ; peu importent quelques maisons éventrées et quelques poitrines trouées, pourvu que force reste à l'autorité. »

L'autorité, toujours l'autorité ! L'autorité de M. Thiers s'assit sur vingt-cinq mille cadavres d'hommes, de femmes et d'enfants.

Et c'est alors seulement que l'odeur de la poudre, jointe à celle de ces 25,000 cadavres, devint tellement insupportable, qu'on en avait des nausées ; c'est alors seulement qu'on s'avisa qu'on avait outrepassé le but et qu'on voulut arrêter l'effusion du sang.

On l'arrêta, en effet ; mais la répression n'en continua pas moins ; et après les assassinats, les fusillades dans la rue, les déportations vinrent à leur tour. Sur de simples dépositions, presque sans jugement, des milliers de citoyens, jetés pêle-mêle à fond de cale des navires, allèrent expier en exil et dans les bagnes calédoniens un moment d'égarement à jamais funeste. Beaucoup virent river à leurs pieds le boulet infamant du bagne, et furent accouplés aux plus ignobles scélérats. Parmi eux se trouvait le journaliste Humbert ! Le châtiment payait-il assez la faute, et ne serait-ce pas, vraiment, être bien dur ou peu patriote que de ne point partager en ces circonstances « les sentiments intimes » du cabinet, dont M. de Freycinet constitue le chef de file. Ce pauvre cabinet ? Quel plaisir éprouvera-t-il — s'il lit ma brochure — en voyant la peine que je me donne pour lui en épargner !

Mais laissons, pour l'instant, ce cher cabinet de côté.

Trois ans après le terrible châtiment infligé à l'insurrection communaliste, la France, relevée en partie de ses désastres, reprenait parmi les nations européennes, et petit à petit, le prestige que lui avaient ôté ses récentes défaites et le honteux traité, grâce auquel nous avions obtenu la paix. Les discordes civiles étaient complétement éteintes, le calme rétabli. La

République s'asseyait, timidement, mais s'asseyait.

Quelques hommes dévoués, croyant utile de faire disparaître à jamais les traces de la guerre civile en fondant toutes les haines dans le pardon et l'oubli, proposèrent d'amnistier tous les condamnés politiques pour faits se rattachant à la Commune. Cette proposition généreuse et humanitaire ne trouva pas d'écho dans le sein de l'Assemblée. Repoussée le 18 mai 1876 à une majorité de 392 voix contre 50, la question de l'amnistie ne devait plus se rouvrir à la Chambre qu'à trois ans d'intervalle, le 21 février 1879.

Admirablement défendue par trois des meilleurs vétérans de la démocratie française, Louis Blanc, Clémenceau et Lockroy, si la cause de l'amnistie fit un pas en avant, ce jour-là, ce résultat heureux, elle le dut à leurs efforts réitérés, à leurs éloquents et topiques discours.

La proposition d'amnistie, déposée par Louis Blanc et ses amis de l'extrême gauche, fut repoussée ; mais on fut obligé de donner quelque chose en échange ; et le 21 février 1879, à une majorité de 350 voix contre 99, la Chambre vota la proposition d'amnistie restreinte, déposée par M. de Marcère et adoptée par le gouvernement. Le 1er mars suivant, le Sénat ratifiait le vote de la Chambre.

Le 8 mars de la même année, M. Brisson lisait à la

tribune son rapport sur les agissements des ministres
du Seize-Mai; et l'on vit alors, — ô honte! — cette
Chambre, qui un mois auparavant refusait d'amnistier
la Commune, — la Commune entreprise dans le but
de sauver la République, M. Thiers lui-même l'a reconnu, — accorder l'amnistie à des misérables qui,
par leurs agissements félons, avaient mis cette République à deux doigts de sa perte.

Quatre élections d'amnistiés furent la seule réponse
à cette grossière insulte. L'ère des candidatures am-
nistielles venait de s'ouvrir. Mais, du moins, il était
bon de constater ces circonstances, qui, seules, en ont
marqué l'éclosion.

Pour mieux saisir, pour mieux frapper les esprits,
j'ai été obligé d'anticiper sur les faits. Faisons repren-
dre aux événements leur marche naturelle; et, à
cet effet, signalons la rentrée en France des amnistiés.

Le 1ᵉʳ septembre, un premier transport d'amnistiés
arrivait par le *Var* à Port-Vendres. Le 3, le 7, le 12,
le 24, le 28 septembre et le 12 octobre, six autres
transports d'amnistiés faisaient également leur entrée
dans la même ville. C'est alors qu'il fallait voir l'allé-
gresse de tous ces proscrits, qui, pour la première fois
et depuis neuf années passées dans les souffrances,
mettaient le pied sur le sol de la patrie! Quel touchant
spectacle!

L'enthousiasme également ne fut pas moindre parmi ces généreux habitants de Port-Vendres.

Des deux côtés, du côté des proscrits comme du côté de ceux qui les recevaient, les cœurs battaient à l'unisson. On saluait avec un immense sentiment de joie et de bonheur ce grand jour de réconciliation, où Français et proscrits pouvaient se donner une fraternelle accolade. On acclamait le moment présent ; mais cela n'empêchait pas que, le lendemain, on pensât à ceux qui restaient encore là-bas, et que la mort décimerait bientôt, si le grand jour du pardon et de l'oubli était trop lent à se montrer.

Des larmes venaient aux yeux.

En voyant, en effet, tous ces amnistiés déguenillés, hâves et anémiques, on ne pouvait s'empêcher de se demander : « Les autres, les reverrons-nous jamais ? »

Certes, Port-Vendres n'est pas une bien grande ville, à peine compte-t-elle quelques milliers d'habitants ; mais l'accueil qu'elle fit ce jour-là aux amnistiés montra clairement que, tout autant que les grandes villes, les petites villes s'intéressent à la cause de l'amnistie.

Comment ce cher M. de Freycinet pourrait-il l'avoir oublié, puis qu'il était ministre sous un piteux ministère, il est vrai ! le ministère Waddington !

Mais, je devine. Dans le sublime sacrifice que M. de Freycinet accepte, au même titre que ses éminents collaborateurs, M. de Freycinet ne s'occupe que de l'esprit général et non de manifestations isolées. Et ce qui double pour moi la grandeur de ce sacrifice, c'est l'ingéniosité qu'emploie M. de Freycinet à le prolonger. Noble et chaste victime !

Mais voilà déjà six mois et plus que ces exclus dont on craignait tant le retour, selon M. de Freycinet, ont touché le sol de la patrie; voilà six mois qu'ils vivent parmi nous, libres et indépendants, maîtres de leur corps comme de leur volonté ! Qu'est-il advenu ?

L'ordre a-t-il cessé un seul instant de régner ?

Le pays a-t-il été de nouveau mis aux prises avec les horreurs de la guerre civile ?

Le meurtre, le pillage et l'incendie se sont-ils donné libre carrière ?

Rien de tout cela n'est arrivé.

L'ordre a toujours régné ; la France n'a jamais été plus tranquille ; et jamais également toutes les aspirations n'avaient plus tendu qu'aujourd'hui vers la paix.

Quelle crainte éprouverait donc le pays ?

Quelle incertitude pourrait hanter sa cervelle ?

Et que faut-il de plus que cette expérience, tentée sous ses yeux, pour dissiper les craintes malséantes de ceux qui pourraient s'imaginer encore que Commune est synonyme de meurtre, de pillage et d'incendie?

Cela n'est-il pas suffisant ? et devant l'évidence des faits, peut-on conserver des préventions, s'il en existe? Non ! Le pays comprendra combien étaient vaines ses terreurs, et avec vous, M. de Freycinet, avec le cabinet tout entier, il reconnaîtra la nécessité de noyer toutes les haines dans quelque grande parole d'apaisement et d'oubli.

Vous tous, ô membres de ce cabinet, serez-vous contents ce jour-là?

Il me semble voir déjà vos visages ! Vos côtelettes grillent, ô Ferry? Votre minois s'épanouit, ô Freycinet ! Vous rayonnez, ô Cazot ! Et vous, ô Varroy! passez une main frémissante dans vos broussailles ! Enfin, tous, me paraissez donner quelque signe extérieur de contentement à cette pensée !

Mais que vois-je ? O ciel ! me trompé-je donc? et cette joie que je croyais peinte sur les visages de nos ministres, serait-elle mensongère ?

Les favoris de M. Ferry grillent bien, en effet ; mais sous la chaleur de quels sentiments ! le minois de M. de Freycinet s'épanouit; mais pour quelle impression ! M. Cazot rayonne; mais pour quel motif ! M. Varroy caresse ses broussailles; mais à quel propos ! Enfin tous, à cette pensée, donnent quelque signe extérieur de je ne sais trop quoi, puisé à une source toute autre que celle que je croyais. Loin d'être entièrement agréable au ministère, je m'aperçois que je suis allé tout à l'encontre de ses idées.

Reculerai-je à présent? Non; il serait trop tard. La reculade est bonnne avant l'attaque, et involontairement, — oh! bien involontairement — j'ai déjà attaqué.

Que me reste-t-il donc à faire? continuer hardiment les hostilités et, à la surprise d'avant-poste, faire succéder l'attaque corps à corps? Cela est bien bon à dire, mais à faire...

Comment, par exemple, prendre le ministère corps à corps?

Par son discours, me dites-vous. Hé! l'idée n'est pas trop mauvaise, et, comme pratique et comme théorie, une révision de ce fameux discours pourrait être pleine d'enseignements.

Essayons. Dépouillé de tous les ornements dont a su le parer, M. de Freycinet, à quoi se réduit-il en effet?

A ceci : « Nous repoussons formellement toute proposition d'amnistie. »

D'accord, lui a-t-on dit, dans le présent, mais dans l'avenir ?

« Nous ne croyons pas, a répondu gracieusement le

président du conseil, avoir à nous prononcer pour l'avenir. Dans le présent, et c'est le présent seul qui doit nous occuper, le gouvernement repousse toute proposition d'amnistie. »

Laissons de côté cette embarrassante et brûlante question ; elle nous importune, l'inopportune !

« Faisons plutôt des lois utiles, sérieuses, animées d'un véritable esprit de conservation et de fermeté.

« Faisons des chemins de fer, des canaux. »

Une fois ce travail achevé, alors que les exclus auront certainement succombé aux souffrances qu'ils endurent, nous songerons peut-être à eux !

« Enrichissons-nous, disait un autre président du conseil, et ne faisons pas de réforme électorale. »

Ce président du conseil, c'était l'orléaniste Waddington ; et le langage de M. de Freycinet ne vous parait-il pas être plutôt l'interprétation fidèle du langage de M. Waddington que l'interprétation fidèle du langage de la nation ?

Si M. de Freycinet avait cru, d'ailleurs, en parlant ainsi, exposer fidèlement les idées populaires, qu'aurait-il eu besoin de faire afficher aux quatre coins de la France le discours qu'il prononça ce jour-là contre l'amnistie ? A quoi bon propager des idées que tout le monde sait, comprend et accepte? Ne serait-on pas plutôt disposé à voir, dans ce procédé, un moyen de propagande tenté par le ministère, pour gagner le pays à sa politique, qui ne me paraît point du tout convenir au pays ? Il en pourrait bien être ainsi ; mais ne nous arrêtons pas davantage à ce propos.

« C'est pour avoir tenu ce langage, a dit éloquemment M. Madier-Montjau, répondant au président du conseil, c'est pour avoir soutenu ces idées qu'a été renversé le ministère précédent ; et celui-ci vient encore proposer des ajournements, écarter les plus légitimes réclamations et rendre responsables du refus de l'amnistie ceux même qui la demandent.

« L'heure est-elle donc prématurée, après neuf ans de souffrances et de châtiments terribles ? »

La voix éloquente, émue du vétéran de 1848 laissa froide cette Assemblée, devenue pierre et bûche à force d'être ministérielle. M. de Freycinet s'obstinant dans son refus, c'était assez pour que la Chambre refusât également.

M. de Freycinet serait-il donc moins républicain que le hargneux Dufaure, qui, le 26 avril 1871, sur une interpellation de Louis Blanc sur la nécessité du pardon, s'écriait : « La conciliation ! jamais elle n'est plus respectable et plus saine qu'au milieu des troubles publics ! C'est un ange qui apparaît après l'orage pour dissiper les maux que l'orage a faits. La conciliation ! je la demande de toute mon âme ; mais je la demande après que l'ordre aura été rétabli et que la force appartiendra à la loi. »

« Neuf années se sont écoulées depuis que M. Dufaure tenait ce langage, et dans cet intervalle que s'est-il passé ?

Est-ce que l'insurrection n'a pas été domptée ?

Est-ce que les conseils de guerre n'ont pas complété leur sanglante besogne ?

Est-ce qu'on n'a pas assez frappé, assez fusillé, assez emprisonné ?

Est-ce que l'ordre, tel que l'entendait M. Dufaure, n'a pas été rétabli ?

Est-ce que la force n'a pas suffisamment appartenu à la loi et la loi à la force ? »

D'où vient donc que, même après neuf ans, nous en sommes encore à attendre l'apparition de l'ange de M. Dufaure, de cet ange qui devait apporter, sitôt le calme rétabli, la conciliation en semant l'oubli ?

M. Dufaure (et certes on ne le suspectera pas de communalisme, celui-là) reconnaissait donc la nécessité de l'amnistie à bref délai. Pourquoi M. de Freycinet, qui dit la désirer aussi bien que ceux qui la demandent, ne l'accorde-t-il pas après neuf ans ? Serait-il plus aveugle ou plus impitoyable que M. Dufaure ?

Non ! le président du conseil ne manque ni de cœur, ni de clairvoyance.

Serait-ce donc, et, je le répète, qu'il serait moins républicain que l'inqualifiable Dufaure?

Non plus ! nous croyons M. de Freycinet républicain sincère.

Qu'est-ce donc qui peut empêcher M. de Freycinet, clairvoyant, homme de cœur, républicain sincère, daccorder ce que même M. Dufaure reconnaissait utile, urgent, respectable et sain ?

En voici l'explication donnée par M. Louis Blanc : « Le vice des amnisties partielles, disait le 12 février dernier le grand orateur de l'extrème gauche, est de ne jamais paraître sincères. Lorsqu'un gouvernement retient, en matière d'amnistie, le droit de choisir et réduit ainsi la grâce à n'ètre plus qu'un acte d'arbitraire, il est, sinon justement, du moins naturellement soupçonné de faire dans son intérèt particulier ce qui devrait être fait dans l'intérêt public, et de sacrifier la cause de l'apaisement général à ses frayeurs ou à ses rancunes. »

Des frayeurs !... c'est justement sous l'impression de ses sentiments que nous accusons le ministre de refuser l'amnistie. Des rancunes !.... peut-être..... mais soyons muet à cet article.

Quelles sont ces frayeurs?

De quoi peut avoir peur le cabinet?

Et d'où cette peur, au cas où elle existerait, pourrait bien provenir ?

Ces trois questions se posent tout d'abord. Commençons à répondre à la dernière : D'où peut bien provenir la peur du cabinet ?

D'ambitieuses espérances. Et ces espérances ? C'est tout un poème ; écoutez.

Tout d'abord, je le présume, l'espoir d'un cabinet doit être, règle générale : rester cabinet le plus longtemps possible.

Je n'excepte pas celui-ci, et c'est pour continuer à la France « la plus politique prudente et mesurée, qui au-dedans comme au dehors convient à sa situation, » que je le croirais capable de ne point échapper à la règle établie.

Or, qu'adviendrait-il, au cas où l'amnistie serait votée avant les élections ? Deux événements primordiaux : 1º une transformation du personnel parlementaire ; 2º un changement probable de cabinet.

Comment ? Parce que parmi les déportés actuellement non grâciés se trouvent bon nombre d'intelligences d'élite, qui, aux élections prochaines, accapareraient tous les suffrages.

De là, et ainsi que je l'ai dit déjà, transformation plus qu'éventuelle du personnel parlementaire; par suite, abandon de la « politique prudente et mesurée » qui distingue le ministère Freycinet ; adoption d'un nouveau mode de réformes qui ne s'inspirerait plus, comme maintenant, « des plus larges idées de liberté, » mais bien « des idées absolues de liberté, des principes sincèrement, véritablement démocratiques. »

Quelle serait devant une telle Chambre l'attitude du Cabinet à la « politique prudente et mesurée? » Conserverait-il ou répudierait-il cette politique ?

Les atermoiements seraient hors de saison ; il faudrait catégoriquement répondre : oui ou non. Question de cabinet posée par suite, et, au cas où le ministère répugnerait de se ranger à l'avis de la Chambre, vite changement de cabinet.

De là les frayeurs, de là la peur du cabinet !

M. de Freycinet et ses collègues ont bien saisi la chose à ce point de vue, et c'est pour s'éviter les fâcheuses disgrâces qu'elle leur procurerait infailliblement qu'ils se sont décidés à repousser toute proposition d'amnistie, au moins jusqu'aux élections.

Et comme à la tribune, la bienséance exige au moins de masquer ses petits plans pour en assurer la réussite, et de présenter sous de vraisemblabes couleurs les choses fausses qu'on emploie à faire repousser les bonnes, M. de Freycinet masquait et colorait en ces termes, le 12 février : « Une condition essentielle, disait-il, pour que l'amnistie paraisse un jour possible, c'est que le gouvernement soit assez fort pour rassurer pleinement le pays sur la signification, sur les suites d'une telle mesure. »   .

Cela revient à dire que le gouvernement, s'il donne l'amnistie, n'entendra l'accorder que lorsqu'il sera sûr de n'avoir rien à craindre, moralement bien entendu, de ces quelques hommes qui gémissent encore en exil. Avant tout, il veut « s'assurer, s'appuyer sur de larges bases, s'abriter contre toutes les aventures, » et c'est alors qu'il aura fait seulement de l'Etat, et pour longtemps, un sanctuaire inaccessible aux exclus, c'est alors qu'il amnistiera, pas plus tôt.

Je m'appuie en ceci sur les paroles suivantes, encore de M. de Freycinet : « Avant d'accorder l'amnistie, il faut que le gouvernement puisse dire qu'il s'appuie sur de larges bases, pour abriter le pays contre toutes les aventures. »

Il existe dans ce passage, comme dans tout le discours du président du conseil, une substitution de mots vraiment étrange et que je m'empresse de rectifier; c'est que M. de Freycinet mèle trop souvent le pays où il ne voudrait pas du tout paraître.

L'élégante façon d'esquiver sa responsabilité ! Des considérations personnelles vous font commettre quelques fautes grossières... Quoi de plus ingénieux que d'accuser un autre de les avoir commises, lorsqu'on sait que cet autre ne pourra répondre qu'à dix-huit mois d'intervalle ?

Le précédent cabinet au moins allait plus franchement en besogne !

La cause de l'amnistie lui était antipathique ; que faisait-il ?

Immédiatement après le vote de l'amnistie partielle, M. Waddington, qui croyait ainsi en avoir fini avec elle, déclarait la question entièrement fermée ; et dans son rapport sur l'application de la loi du 3 mars 1879, paru le 27 novembre à l'*Officiel*, sur la demande de M. Grévy, M. Le Royer, membre de ce cabinet, s'exprimait ainsi : « Il a semblé d'abord qu'il convenait, pour se conformer à vos intentions et à celles du Parlement, d'exclure du bénéfice de la loi d'amnistie les membres de la Commune, les élus de cette criminelle insurrection, qui en ont été en quelque sorte la personnification, et auxquels incombe une grande part de responsabilité dans les atrocités commises pendant cette période néfaste. Trois autres catégories de condamnés ont été également considérées comme devant être laissées en dehors de la loi d'amnistie, ce sont :

1º Les condamnés qui, en dehors de leur participation à l'insurrection, ont commis des crimes de droit commun, soit contre les personnes, soit contre les propriétés ;

2° Les condamnés ayant des antécédents judiciaires ;

3° Les condamnés qui, actuellement à l'étranger, doivent être exclus d'une mesure d'amnistie, soit pour cause d'indignité que nul ne saurait contester, soit à cause de leur « mauvaise attitude. »

Et comme le nombre de condamnés pour faits se rattachant à la Commune non gràciés et non libérés s'élevait alors à 830, 117 seulement étant compris dans les deux catégories non infamantes, c'est 713 exclus que M. Le Royer, de piteuse mémoire, déshonorait ainsi.

L'excellent moyen ! la bonne ruse que cette petite infamie, et comme le garde des sceaux savait ce qu'il faisait en l'employant !

Certes, insulter qui ne peut répondre, déshonorer qui ne peut protester, et surtout quand on le sait, n'est pas bien beau ! C'est cependant ce qu'a fait M. Le Royer. Eh bien ! malgré cela, j'éprouve une certaine estime pour lui. Avec un pareil homme, on savait au moins à quoi s'en tenir. Bonnes ou mauvaises, il étalait ses opinions devant tous, au grand jour. C'était préférable à la politique du ministère actuel qui, voulant faire repousser une chose qu'il lui répugnerait d'accorder, veut avoir l'air de ne le faire qu'à regret, forcé par « les circonstances. » Je ne connais rien de plus Rodin que cela !

Aussi ai-je chaleureusement applaudi au magnifique discours, dans lequel le citoyen Louis Blanc, discutant chacun des arguments du rapport Le Royer, les annulait victorieusement, démontrant plus que jamais la nécessité, l'urgence de l'amnistie.

« On vous a dit, s'écriait l'illustre auteur de l'*Histoire de Dix Ans*, que parmi les condamnés non grâciés et non libérés, il y en avait 509 qui avaient des antécédents judiciaires, et on vous a amèrement demandé si c'était pour ceux-là qu'on pressait l'adoption de l'amnistie plénière.

« A cela, je réponds que l'amnistie qu'on vous propose n'a pas pour but et n'aurait pas pour effet de passer l'éponge sur des actes qui n'ont rien de commun avec les ardeurs de la politique et les entraînements des passions des partis.

« L'amnistie plénière n'effacerait que les faits insurrectionnels. Elle laisserait donc les condamnés pour crimes et délits antérieurs exactement dans la position où ils étaient avant que l'insurrection eût éclaté.

« Comme insurgés, ils pourraient bénéficier de l'amnistie plénière ; comme coupables d'infractions antérieures, ils resteraient après ce qu'ils étaient avant.»

Quel saisissant langage ! quelle impitoyable logique !

« Parlerai-je maintenant, reprenait-il ensuite, des insurgés qu'on nous présente comme ayant commis pendant l'insurrection des délits de droit commun? Il faudrait d'abord s'entendre sur ce qui constitue le délit.

« Dans une attaque à main armée contre un gouvernement établi, est-ce commettre un délit de droit commun que d'arrêter ceux du parti contraire dont on veut paralyser l'hostilité, que d'exercer un commandement et d'en prendre les insignes ; que de se procurer des armes par la force, dût-on pour cela désarmer des sentinelles ; que de s'emparer d'un hôtel de ville ; que d'envahir une demeure royale ; que de faire, en un mot, ce qui rendrait, si on ne le faisait pas, la victoire impossible et l'attaque ridicule ? Oh ! alors, je défie que parmi nos révolutions les plus vantées ou les plus légitimes, on m'en cite une seule dont l'histoire ne soit composée de délits de droit commun.

« La vérité est que, dans une insurrection, les délits de droit commun sont ceux qui sont commis en dehors de toute pensée insurrectionnelle, dans un intérêt personnel, et qui n'ont rien de politique, soit dans leur but, soit dans leur résultat.

« Lors donc qu'on vient nous dire que parmi les

exclus, il en est qui ont été condamnés pour délit de droit commun, il faudrait d'abord prouver qu'à leur égard, la distinction que je viens de signaler, et qui est si difficile à faire, a été faite par les conseils de guerre. »

N'est-ce pas juste ? Et comment ce que reconnaissent presque impossible à faire des hommes tels que Louis Blanc, et ce qu'on est logiquement d'ailleurs obligé de reconnaître, les conseils de guerre, excités par l'odeur fraîche encore de la poudre et du sang, animés des plus noirs sentiments contre ces hommes qu'ils combattaient la veille encore et dont ils se trouvaient être les juges le lendemain, comment l'auraient-ils fait ?

Mais à quoi bon insister ? Cela ne coule-t-il pas de source ? Ecoutons plutôt et encore le citoyen Louis Blanc : « Ceux que les adversaires de l'amnistie veulent tenir éloignés, ce sont ceux en qui s'est personnifiée la Commune. Car, le fait de la Commune, voilà ce qu'il importe, à les entendre, de marquer d'une tache ineffaçable. Eh bien ! penser et parler ainsi, c'est méconnaître complétement le caractère des amnistiés et leur portée. Si, à certains moments de l'histoire, elles sont désirables et même jugées indispensables, c'est précisément parce que dans l'événement qu'elles visent, elles font abstraction des personnes et ne s'occupent de l'événement en question que pour en faire disparaître les traces.

Ce ne serait pas d'ailleurs un des moindres avantages de l'amnistie que de faire cesser la déplorable confusion qui nous montre, placés côte à côte parmi les indignes, des hommes contre lesquels on s'arme de leurs antécédents judiciaires, et d'autres auxquels on ne reproche que « leur mauvaise attitude. » « Mais le respect de la loi, dit-on, doit être infaillible. » L'a-t-il été pour les ministres du Seize-Mai ?

A cette véhémente invective, un député, M. Casimir Périer, le rapporteur de la commission d'amnistie, a osé répondre ces mémorables et tristes paroles : « Ce sont des considérations de même nature qui ont poussé la Chambre à refuser l'amnistie et à repousser les poursuites des ministres du Seize-Mai. » Justifiant ainsi les sévères mais justes paroles de Louis Blanc, disant : « Serait-ce donc qu'il y a des crimes politiques qui ne méritent pas l'indulgence parce que ce sont des crimes rôturiers, et d'autres qui la méritent parce que ce sont des crimes de bonne maison. »

Voilà les leçons méritées que s'expose à recevoir la Chambre pour sa conduite.

Parlons un peu maintenant du rapporteur de la commission d'amnistie, M. Casimir Périer.

En outre des arguments trouvés par M. Le Royer,

les circonstances en avaient offert un nouveau au jeune Casimir. Et voici comment : « Deux mois auparavant, le 16 décembre 1879, M. Lockroy interpellait le gouvernement sur la question de l'amnistie. La Chambre, par cette peur exagérée des crises ministérielles qui la caractérise, votait l'ordre du jour Devès en faveur du gouvernement, et l'amnistie était repoussée. A deux mois d'intervalle, la Chambre ne pouvait pas se déjuger. » Tel était l'argument nouveau dont se servit assez mal le nouveau rapporteur de la commission d'amnistie, et qui manquait à M. Le Royer pour être armé de toutes pièces.

M. Antonin Proust, l'ami de M. Gambetta, et, à ce titre, ne sera-t-il peut-être pas suspect à nos modernes prud'hommes, entreprit de le réfuter.

« La Chambre, dit-il à cet effet, n'a pas à craindre de se déjuger. Le vote de l'amnistie est un vote essentiellement politique, qui dépend entièrement des circonstances. Les circonstances ont changé depuis le vote de l'amnistie partielle, qui a complétement faussé le caractère de cette mesure. La grâce vise les individus, l'amnistie vise les faits. Quand on invite les citoyens à oublier un ordre de faits, on ne peut pas établir des catégories entre les faits. »

Ce langage était bien le langage de la raison, de la logique et du bon sens, il convenait parfaitement a la cause en litige. Mais, et sans s'en douter peut-être, M. Proust venait de mettre une arme entre les mains des adversaires de l'amnistie. Cette arme, le gouvernement s'en saisit, et c'est vraiment merveille de voir avec quelle dextérité il sut la manier.

« Comme vous le disait tout à l'heure M. Proust, commença adroitement M. de Freycinet avec son filet de voix grêle, ne confondons pas l'amnistie avec la grâce. La grâce vise les individus, l'amnistie vise les faits, a exclusivement pour but de servir l'intérêt de la société.

Or, cette société oubliera-t-elle un jour l'origine, le caractère, les actes de la Commune au point d'étendre sa clémence à tous ceux qui y ont pris part? Je l'ignore; mais ce que je sais, c'est que si l'amnistie est un jour possible, elle ne le sera qu'à deux conditions : la première, c'est que l'apaisement sera fait sur cette question, c'est que l'amnistie aura cessé d'être, en dehors de cette Assemblée, un instrument d'agitation, qu'on aura cessé de la représenter comme un droit, surtout comme une revendication.

La société peut pardonner, oublier, amnistier, elle ne peut pas réhabiliter, elle ne peut pas changer la morale des événements.

En dehors de cette Assemblée, l'amnistie est représentée comme un droit, comme une revendication.

Tant que la question se présentera ainsi, le gouvernement sera obligé de repousser la proposition. » .

En voulant trop subtiliser, M. de Freycinet s'enferrait lui-même ; en voulant trop prouver, il allait directement contre ses conclusions. En effet.

Que disait-il tantôt, au commencement de son discours ? Que l'amnistie n'avait pas d'écho dans le pays.

Que dit-il maintenant ? Il nous dit que c'est parce que l'amnistie est présentée et reconnue indispensable, comme un droit par la société, que le gouvernement, dans l'intérêt de tous, c'est-à-dire de la société, croit utile de la refuser.

L'amnistie aurait donc un écho dans le pays ! Et le discours de M. de Freycinet aurait-il été composé à la seule fin d'égayer la Chambre et le pays par la singularité de ses contradictions ?

Que penser de la profondeur d'esprit d'un ministre qui, de gaîté de cœur, monte à la tribune et prononce quelques paroles qui offrent l'occasion de l'enfermer dans cet impitoyable dilemme : « Ou l'amnistie n'a pas d'écho dans le pays, et, cela étant, d'un côté ce que M. de Freycinet attend pour l'accorder, il devient urgent de la donner.

Ou l'amnistie intéresse le pays, puisqu'en dehors de l'Assemblée elle est revendiquée comme un droit par la société ; elle se trouve ainsi avoir un écho dans le pays; et, cela étant, d'un autre côté, ce qu'attend M. de Freycinet pour l'octroyer, il est encore urgent de la donner.

Donc, et dans les deux cas, l'amnistie est nécessaire, urgente; M. de Freycinet le reconnaît. Pourquoi ne l'accorde-t-il pas? Singulière bizarrerie !

Ceci me rappelle un autre argument de M. Tirard, ministre du commerce, disant dans les couloirs de la Chambre : Les monarchies seules ayant fait des amnistiés, la République ne doit pas faire d'amnistie. »

M. Tirard oubliait sans doute que les monarchies n'ont amnistié que des ennemis, tandis que nous, ce sont des amis que nous voudrions amnistier.

A qui M. Casimir Périer, le petit, a répondu en ces termes : « On invoque les amnisties du régime de 1830. A qui étaient-elles accordées? A des ennemis déclarés. Mais ici à qui accorderiez-vous l'amnistie? A des hommes qui se disent républicains. »

Y pensez-vous? on pourrait nous accuser d'agir arbitrairement dans l'intérêt de la République ! Car l'intérêt est patent, réel! Si nous n'amnistions pas les républicains reconnus tels par M. Casimir Périer, et auxquels neuf années de souffrances infligées par la République n'ont pas encore ôté cet amour pour elle qui les a mis dans la situation où ils sont, ces républicains pourront, par suite de cette ingratitude, se tourner contre elle et devenir ses irréconciliables ennemis.

Si nous les amnistions, au contraire, la République pourra compter doublement sur eux, liés qu'ils seront et par l'amitié et par la reconnaissance.

N'y a-t-il pas là un véritable intérêt pour la société à amnistier?

Et la République n'est-elle pas appelée à en bénéficier largement?

M. de Freycinet qui s'inspire si bien, et dans toutes ses paroles de cet intérêt, aurait bien dû apprécier la chose à ce point de vue. Il aurait vu que l'intérêt de la société, loin de le contraindre — bien à regret, on doit le reconnaître? — a refuser l'amnistie, lui commandait au contraire de l'accorder.

Voilà donc déjà deux fois que M. de Freycinet et ses amis, les adversaires de l'amnistie, ont de leur propre aveu, reconnu,-sous tous les points de vue, la nécessité, l'urgence de l'amnistie.

L'amnistie est une si bonne cause que, même en s'ingéniant à vouloir prouver le contraire, on ne réussit qu'à en faire davantage ressortir la bonté. Ce n'est pas à ce résultat que s'attendait M. de Freycinet, et son discours, certes, il ne l'avait pas composé dans le but d'en faire un éloquent plaidoyer en faveur de l'amnistie.

Ce qui prouve victorieusement que si l'on connaît

au cabinet la « politique des résultats » inaugurée par M. Jules Ferry, ce même cabinet ne me. paraît pas trop connaître les « résultats de sa politique. »

Ces résultats, les voilà. On veut repousser l'amnistie ; résultat : on ne parvient qu'à en démontrer la nécessité.

Telle est la route parsemée d'écueils et bordée de précipices dans laquelle viennent d'entrer nos ministres.

Le cabinet Waddington, lui aussi, avait pris ce dangereux chemin. A peine engagé, il y périt. Le même sort est-il réservé au ministère Freycinet ?

C'est un point que l'avenir éclairera ; point n'est besoin de s'en mêler.

Ce qui doit nous occuper, c'est le présent, comme l'a si bien dit le président du conseil. Et le présent nous fait présager l'avenir gros d'orages ; car le présent, c'est le refus de l'amnistie, par conséquent, l'amnistie posée comme question à résoudre aux élections générales de 81.

Et sait-on ce que la solution de cette question ainsi retardée peut occasionner, peut engendrer ? D'énormes dangers.

Et ces dangers ? Bien certainement, je ne les vois pas dans l'attitude du pays ; non ! La question de l'amnistie, s'il appartient à lui de la résoudre, sera résolue

par lui d'une façon plus que favorable ; cela ne me fait
pas l'ombre d'un doute, et je ne plaindrai pas un
accusé, quel qu'il fût, si je savais sa cause en d'aussi
bonnes mains.

C'est dans l'attitude du ministère qu'ils m'apparais-
sent, car c'est cette attitude qui les provoque.

En s'obstinant, sous divers prétextes dont on connaît maintenant la valeur, à refuser l'amnistie, que
fait, en effet, le ministère ? Ne fait-il pas entièrement
le jeu de la réaction, puisque la réaction emploie, elle
aussi, tous ses efforts à faire repousser l'amnistie ?
Il n'est besoin, pour s'en convaincre, que de jeter
les yeux sur une des nombreuses feuilles que solde
ce parti multicolore.

Or, si la réaction repousse actuellement l'amnistie,
c'est dans un but quelconque. Et ce but, le ministère
le connaît-il ? Ne sait-il pas qu'il constitue l'essence
même des dangers dont je parle, dangers qu'il serait
urgent d'anéantir au plus tôt en accordant l'amnistie
plénière.

Plénière, m'entendez-vous ?

Car s'il restait à l'étranger, en exil ou dans les bagnes un seul déporté, un seul, la question de l'amnistie
subsisterait toujours et la réaction poursuivrait toujours son dangereux but. Et ce but, le voici : Faire

élire ses candidats à la faveur de la non-solution de la question de l'amnistie.

N'est-ce pas qu'il présente des dangers réels, sérieux, patents, irréfutables, préjudiciables à tous les points de vue pour la République?

Eh bien ! chose étrange, c'est ce but que le ministère actuel seconde ; ce sont les dangers qu'il comporte, qu'il perpétue au lieu de nous en débarrasser à jamais ; c'est la réaction dont il se fait volontairement le complice, dans une pensée d'égoïste ambition. Quel triste rôle pour un ministère républicain !

Le cabinet y songera-t-il, et avisera-t-il promptement aux moyens à prendre pour éviter au pays les graves inconvénients d'une lutte dans laquelle les passions pourraient l'emporter sur la saine prudence? Pensera-t-il un peu moins à lui-même pour songer davantage à la France, à la République, à ses intérêts qui sont entre ses mains ? Peut-être !

Au cas probable, cependant, où le ministère persisterait dans son obstination, au cas probable où il refuserait de donner l'amnistie, de rendre au pays le calme et la tranquillité, il est bon que le pays, qu'on charge de ce soin, soit mis en garde.

En garde contre quoi, contre qui ? m'allez-vous dire... Contre lui-même.

Il ne faudrait pas, en effet, que cette sympathie

qu'il éprouve pour l'amnistie devînt funeste pour lui, et, qu'au besoin de se la procurer, il sacrifiât la plupart des réformes, nécessaires, attendues depuis si longtemps.

Si c'est ce résultat seul qu'il veut obtenir, le pays n'aura qu'à voter pour les candidats réactionnaires, car tous ces candidats se porteront avec l'amnistie ; quant aux autres réformes, la plupart leur seront antipathiques.

Dans beaucoup de circonscriptions, par exemple, certains candidats républicains de vieille date, partisans de toute réforme démocratique et libérale, mais auxquels l'amnistie inspirera de la répugnance, seront mis en présence avec certains monarchistes, auxquels les réformes déjà citées seront en majeure partie antipathiques, mais qui promettront l'amnistie.

Duquel des deux les électeurs feront-ils leur représentant, du monarchiste, opposé à la majeure partie des réformes, mais non à l'amnistie, ou du républicain, partisan de toutes les réformes, mais non de l'amnistie?

C'est une difficile question que celle qui se pose ainsi ; et l'embarras qu'en causera la solution est facile à prévoir.

Ou sacrifier l'amnistie ou sacrifier les réformes,

voilà dans quelle impasse l'entêtement égoïste du cabinet placera le pays s'il y persiste.

Mais, vont me dire beaucoup, dans ce cas il est un moyen pratique d'en sortir : c'est de ne sacrifier rien du tout. Et, pour cet effet, quoi de plus simple que d'éliminer les deux espèces de candidats en question au profit des candidatures d'amnistiés ou de déportés non grâciés ?

Amnistiés, oui ; déportés, non ! Croyant éviter un danger en agissant de la sorte, vous ne réussiriez qu'à tomber dans un autre et non moins grand.

Tout déporté étant, jusqu'à l'amnistie, privé de ses droits de citoyen, chaque déporté que vous auriez l'intention d'élire constituerait, au cas où vous l'éliriez, une violation des lois établies.

Ce serait, par conséquent, autant d'élections illégales, susceptibles à être invalidées. Et, en cela, l'exemple du célèbre prisonnier de Clairvaux, Blanqui, ne vous a-t-il pas suffisamment fixés ? Elu une première fois à Bordeaux dans ces conditions, n'avez-vous pas vu la Chambre invalider tout d'abord son élection ? En quoi je l'approuve et grandement, applaudissant aux éloquentes paroles de M. Madier de Montjau, disant à ce propos : « La République ne peut vivre que par le respect de la loi ; le jour où ses représentants la violeraient, elle serait perdue. »

Une République peut-elle copier un Bonaparte? Bonaparte a violé la loi, mais s'est déshonoré! Le pays peut-il se déshonorer?

Le pays peut-il voter pour un candidat inéligible?

Le pays peut-il mettre ses sympathies au-dessus du respect de la loi?

Je ne le pense pas. Ce serait volontairement jeter le trouble alors qu'on voudrait fermement la paix, ce dont profiterait avantageusement la réaction.

Quoi de plus réjouissant, en effet, pour les ennemis de la République, que l'exemple du pays aux prises avec la loi? Que ce conflit leur causerait de joie!

— Voyez, diraient-ils, cette République; comme elle est calme, comme elle est stable! La belle sécurité qu'elle offre! En ce moment, la loi est foulée aux pieds. Cela se ferait-il sous une monarchie?. Et s'armant des dernières paroles de Louis Blanc : « Est-ce qu'il n'est pas arrivé un moment, diraient-ils, où l'Europe a pu se demander qui l'emporterait du gouvernement français ou de M. Blanqui? » Est-ce que cela ne se répète pas aujourd'hui sur toute la surface de la France? Est-ce que cela se ferait sous une monarchie?

Voilà certainement le langage que tiendrait la réaction en présence d'un pareil état de choses. Ne constituerait-il pas un autre danger pour le moins aussi grand que le premier?

Et la réaction ne se trouve-t-elle pas ainsi maîtresse de deux expédients également à craindre ?

Pour en paralyser l'effet, une chose est bien simple : il suffirait d'accorder l'amnistie, l'amnistie à bref délai, avant les élections. Le pays serait ainsi, et sans secousse, retiré de la périlleuse et déplorable situation dans laquelle il se débat encore. Mais cela dépend entièrement du cabinet.

Que fera-t-il? L'accordera-t-il cette amnistie tant controversée? Certains disent non ; — l'on serait volontiers porté à se ranger à cet avis ! — D'autres — les optimistes, les satisfaits et les officieux — disent oui. Au moyen de grâces indistinctement accordées à tous les condamnés de la Commune, affirment-ils, le gouvernement se propose de faire rentrer en France tous les exclus; et c'est seulement à la veille des élections que, montrant ces derniers aux Français étonnés, il dira :

« Regardez ces hommes ; voilà déjà longtemps qu'ils vivent parmi vous; qu'est-il arrivé?

« Le plus grand calme n'a cessé de régner. Cessez donc de trembler et rassurez-vous. Vous le voyez, vos terreurs étaient vaines. Tendez vos bras à ces frères; ils sont Français comme vous, libres comme vous, citoyens comme vous; c'est assez dire, nous amnistions! »

Ah ! si vraiment c'étaient là les intentions du cabinet, je regretterais d'avoir écrit ces lignes.

Mais tout peut se réparer, et au cas où ces intentions seraient véritablement les intentions du cabinet, je n'aurai plus qu'à reconnaître mes torts et à dire au ministère : « Votre conduite est noble et digne, et le pays vous en devra une éternelle reconnaissance. »

UN DERNIER MOT

On a tellement invoqué, de part et d'autre, et dans le débat ouvert depuis 1871, à propos de l'amnistie qu'on demande encore aujourd'hui, les amnisties passées, que j'ai cru utile et instructif d'en retracer fidèlement, impartialement le tableau.

I

Ces amnisties sont au nombre de quatre. La première fut accordée sous Louis XVIII, et voici dans quelles circonstances : « Waterloo démolissait l'œuvre des Cent-Jours, consommait irrévocablement la ruine de l'Empire. Napoléon le comprit bien, et abdiquant une seconde fois, le grand général disparut à jamais de la scène du monde.

Son rôle fini, la Restauration se montrait de nouveau, et retournant le velours du trône, — pour la seconde fois — prend la place toute chaude de l'Empereur. Louis XVIII était roi ; ses partisans, les royalistes exaltés, les ultras, comme on les appelait, deve-

nus alors tout-puissants, ne songèrent pas à se faire
pardonner leur déplorable et triste victoire., Toutes
leurs aspirations, au contraire, tendirent vers la
vengeance, vers cette vengeance que la trop courte
durée de la première Restauration ne leur avait pas
laissé le loisir d'assouvir. On n'avait fait alors que
piller ; cette fois on égorgea. Marseille, Nîmes, Uzès,
Avignon, Carpentras, virent les premiers exploits des
royalistes. Le mouvement se répandit ensuite dans
les campagnes et bientôt dans tout le Midi. Ce tfu
une horrible guerre de représailles que celle-là ! Et
les bonapartistes, ceux à qui en voulaient les Verdets,
ceux contre qui cette guerre était faite, eurent à
déplorer de nombreuses et d'illustres victimes. Parmi
ces dernières, il faut citer le célèbre maréchal Brune
qui, d'abord tué d'un coup de fusil, fut traîné ensuite
dans le Rhône. La haine animait tellement les ultras,
que le gouvernement lui-même ne pouvait contenir
leur fureur. Il fallait cependant arrêter ces massacres,
réagir contre ces épouvantables sauvageries.

Et comment faire ? La situation du pauvre roi n'était
pas précisément bien belle !

Tenaillé d'un côté par les ennemis qui l'humiliaient
et l'opprimaient ; de l'autre, par ses farouches et san-
guinaires partisans, Louis XVIII résolut pourtant
d'en finir.

A cet effet, il signa le honteux traité de 1815 qui le débarrassa de l'oppression insupportable des ennemis, et, pour mettre un frein aux débordements terribles des ultras, il accorda, le 12 janvier 1816, une loi d'amnistie plénière pour tous les partisans de Napoléon.

Cette loi aurait été d'un excellent effet si, réellement, elle eût été plénière.

Mais une ordonnance qui établissait de nombreuses exceptions paralysa cet effet, et la Chambre eut la lâcheté d'admettre cette ordonnance comme amendement à la loi ! Un amendement, cette ordonnance qui, de nouveau, donnait libre carrière aux assassinats juridiques, et à laquelle le maréchal Ney et le courageux La Bédoyère durent de tomber sous les balles des mousquets réactionnaires !

Et c'est cependant cet amendement que M. Casimir Périer invoque contre l'amnistie qu'on demande aujourd'hui, lorsqu'il vient nous dire : « L'amnistie de 1816 même a fait des exceptions. »

Les voilà, ces exceptions. Ah ! n'eût-il pas mieux valu, pour l'honneur de son règne, que Louis XVIII les eût elles-mêmes exceptées? Il ne se serait pas du moins attiré cette juste et sévère invective du général Moncey : « Sire, l'échafaud ne fit jamais des amis. »

L'exil et le bagne en ont-ils jamais fait, en feront-ils jamais?

Au fait, M. Casimir Périer prend-il la République qui nous gouverne pour une seconde Restauration, et nos ministres actuels pour les ultras d'alors? Qu'il le dise, si c'est ainsi.

Ce qui ressort toujours de ses paroles, c'est qu'il s'appuie sur l'œuvre d'un tel régime et de telles gens pour faire répudier l'œuvre libérale que des républicains sincères voudraient mener à bonne fin aujourd'hui.

Ne trouvez-vous pas suspectes les recommandations de M. Périer?

Lorsqu'à l'exemple de ce dernier on éprouve le besoin de s'appuyer sur des faits antérieurs pour décider de la solution d'un fait actuel, il semblerait bon, avant tout, qu'on examinât les faits en question, à la seule fin de savoir s'ils ne présenteraient pas quelque imperfection qui annule l'autorité qu'ils pourraient faire dans le débat.

Si l'on voulait loyalement agir, c'est ainsi qu'on devrait procéder au lieu de s'armer brutalement d'un fait, et par la seule raison qu'il a été consacré par le temps, vouloir que tous les faits avenir de même nature soient coulés à son image.

On risque ainsi de perpétuer les errements passés,

on s'expose à tourner constamment dans un cercle vicieux. Est-ce là le but désiré par M. Casimir Périer ? Si c'est non, il faudrait croire que la cervelle du nouveau rapporteur de la Commission d'amnistie ne pèse pas bien lourd dans son crâne ; si c'est oui, que penser du libéralisme et de l'esprit de progrès de M. Périer ? Pauvre Chambre qui l'as écouté ! Pauvre cabinet s'il l'a inspiré !

II

Parlons maintenant de la seconde amnistie, de ces amnisties accordées par le régime de 1830 avec Louis-Philippe Ier, duc d'Orléans, pour roi constitutionnel.

Les fameuses ordonnances venaient d'être proclamées. Charles X violait la Constitution, foulait la Charte aux pieds, — la Charte qu'il avait juré de respecter. — Indigné, le peuple prend les armes, et après une lutte sanglante, chasse le parjure royal. Charles X vaincu s'embarquait à Cherbourg et quittait pour jamais la France.

Le peuple toujours magnanime ne crut pas mieux couronner son triomphe qu'en lui faisant une auréole de pardon.

Sans aucune exception, toutes les condamnations

politiques du temps de la Restauration furent annulées. C'est le propre du peuple, quand il pardonne, de tout oublier.

Des récompenses furent, en outre, décrétées pour les combattants de Juillet et des secours pour les familles des blessés et des morts.

La Commune de 1871, elle, sauva la République. Quelle a été sa récompense? Le plus terrible châtiment dont il soit fait mention dans l'histoire.

Et ne me demandez pas pourquoi cette différence? M. Casimir Périer ne vous l'a-t-il pas dit? « A qui accorderiez-vous ici l'amnistie? A des hommes qui se disent républicains. »

Je le conçois, cela ne suffit pas à vous prouver qu'il ne faut pas accorder l'amnistie. Vous différez d'opinion sur ce sujet avec M. Périer. Tout le monde, en effet, ne peut penser de la même façon, et, quant à ça, le Périer de 1880 devrait s'en rapporter au Périer de 1830, de qui sont ces paroles.

Pourquoi, d'ailleurs, le petit Casimir, qui paraît avoir en si grande estime et en ce qui concerne certaines choses, les temps passés, reste muet sur d'autres choses?

Pourquoi, par exemple, lorsqu'en mars 1879, le procès des ministres du Seize-Mai fut porté devant la

Chambre, M. Casimir Périer fit-il autrement que n'avaient fait nos ancêtres ?

Pourquoi dans les mêmes circonstances qui décidèrent jadis nos pères de 1830 à condamner d'autres ministres à la prison perpétuelle, dont un à la mort civile, M. Périer vota-t-il le refus des poursuites, amnistia-t-il ?

Le ministère Broglie, Fortou et le ministère Polignac ont été cependant également coupables !

III

Parlerai-je de la troisième amnistie ? N'était-ce pas plutôt une réparation ? Jugez-en !

C'était au lendemain du deux Décembre. Le coup d'État de la veille avait détruit l'œuvre de 1848, anéanti la République et, pour vingt ans encore, enchaîné la Liberté.

Sur les ruines fumantes de la Constitution violée, le spectre de l'Empire apparaissait de nouveau menaçant et sinistre dans cet effondrement universel du droit, au milieu d'une immense apothéose de cadavres.

Pour la seconde fois, l'usurpation avait refait l'Empire, mais à quel prix !

D'énergiques protestations répondirent à ce monstrueux attentat.

Ces protestations, importunes parce qu'elles étaient justes, parce qu'elles lui rappelaient son crime, l'empereur ne voulut pas les entendre, et c'est à cet effet qu'il institua les commissions mixtes en déplorables tribunaux qui de tout temps acquirent une célébrité si peu enviable.

La besogne fut rondement menée, et durant les trois mois que fonctionnèrent alors ces commissions, vingt mille citoyens, sommairement jugés, étaient condamnés, soit à la transportation à Cayenne ou en Afrique, soit à l'expulsion, au bannissement momentané, à l'internement ou à la surveillance. C'était dignement couronner l'œuvre sanglante du Deux-Décembre.

La répression ne s'arrêta pourtant pas là. L'âme inquiète et tourmentée du tyran demandait plus encore. Pour que le crime puisse vivre, il faut qu'il soit sans cesse soutenu par le crime !

Six ans plus tard, en 1858, dix mille personnes, soupçonnées d'opinions républicaines, sont enlevées de nuit à leur domicile pour être brutalement jetées dans les geôles de l'État.

Ensuite, et sans d'autres formalités judiciaires, elles

étaient solidement enchaînées et conduites en Algérie comme un troupeau de bêtes malfaisantes.

C'était ignoble, révoltant!

Un an plus tard seulement, en 1859, l'auteur de ces indignités commençait à comprendre l'horreur qu'elles inspiraient. Témoin de la réprobation générale qui s'attachait à ces barbares procédés, effrayé du mouvement qui se faisait dans l'opinion à ce sujet, mouvement tout en sa défaveur, l'empereur jugea prudent d'arrêter ce mouvement, et s'il était possible de faire revenir à lui les esprits par un grand acte de clémence.

Peine inutile, car les esprits avaient irrévocablement condamné et l'homme et son système.

Une amnistie fut accordée à cet effet; c'est cette troisième amnistie dont je vous ai déjà parlé. N'est-il pas vrai qu'elle serait plutôt une réparation qu'une mesure de clémence, une justice qu'un pardon?

Ce n'était pas ainsi que l'entendait Napoléon, et de cette amnistie toute conditionnelle, ne purent bénéficier que les exilés qui feraient une demande en grâce dans laquelle ils accuseraient un profond repentir de leurs actes antérieurs.

Un grand nombre de déportés courageux et fermes se refusèrent à ces ignobles transactions, ne voulant pas se rabaisser jusqu'à demander pardon à l'homme qui, au contraire, aurait dû l'implorer d'eux. Ils restèrent à leur poste glorieux de souffrance, confiants dans l'avenir. Leur espoir ne devait pas être déçu, et cette réparation, qu'ils n'avaient pas voulu mendier à l'usurpateur, devait leur être accordée par des mains amies et sympathiques.

IV

La quatrième amnistie fut la conséquence immédiate de la proclamation de la République.

Après la honteuse capitulation de Sedan, l'empire était mort en France. On savait maintenant ce que valait ce régime ; on en avait assez ! La déchéance de Bonaparte fut donc décrétée et la proclamation de la République, qui suivit, annonça au pays que la Liberté venait de briser ses chaînes.

Et cette Liberté, savez-vous comment il en usa ?

Croyez-vous que, redevenu ainsi seul et souverain maître, le peuple ait du tout songé à châtier les suppôts de l'Empire ; — tous ces traîneurs de sabre qui, de concert avec Bonaparte, avaient brisé la loi sur les marches du trône.

Nullement ! Toujours magnanime, le peuple, au contraire, n'eut alors d'autre pensée, d'autre désir que le pardon.

Il lui souvenait bien des odieux massacres de Décembre et des proscriptions qui suivirent !... Mais à quoi bon réveiller ces sanglants souvenirs ? N'était-il pas plus sage d'oublier au lieu d'ouvrir l'ère de liberté par l'oppression ? Ç'aurait été rééditer l'empire !

Et le peuple crut plus utile et plus sage, plus convenable au génie de la France républicaine d'agir autrement.

Aussi, en 1870, amnistiait-il indistinctement tous les séides de l'homme de Décembre, tous les fauteurs du coup d'Etat de 1851, en même temps qu'il rapelait auprès de lui tous les condamnés politiques de cette sombre époque. Une mesure de clémence et une réhabilitation ! une réparation ! C'était largement couronner ton triomphe, ô peuple ! C'était dignement inaugurer l'avènement de la République !

V

Encore une remarque, et nous finissons.

Depuis 1793, quatre dynasties sont tombées, couvertes d'opprobre et de mépris : quatre générations de rois ont passé, laissant après elles une mare profonde de sang : le sang du peuple ! Qu'est-il arrivé ?

Ne s'est-il pas offert un sublime spectable? A chacune de ces révolutions qui jetait une dynastie dans la fange, le peuple, généreux et clément, n'a-t-il pas constamment laissé la vie et l'indépendance aux assassins qui ne rèvaient que son agonie ?

Ce n'était cependant ni la force, ni la puissance de la leur ôter qui lui manquaient ! Non?

S'il ne l'a pas fait, c'est que le peuple est bon, clément, humain.

S'il a donc commis une faute à son tour, n'est-on pas en droit d'invoquer pour cette faute, expiée par neuf années de chàtiments terribles, le pardon qu'il accorda tant de fois à d'autres sans condition? Ne peut-on pas l'amnistier pour cette faute?

Je m'arrête ici, et, en terminant, laissez-moi vous rappeler cette belle pensée de Victor Hugo, à laquelle je n'ai pu m'empêcher de songer ici comme au début :
« Il n'est pas de spectacle plus beau que celui du proscrit debout à l'horizon et de la patrie lui ouvrant les bras. »

FIN

TOULOUSE, IMP. VIALELLE ET Cᵉ, RUE DU LYCÉE, 9.

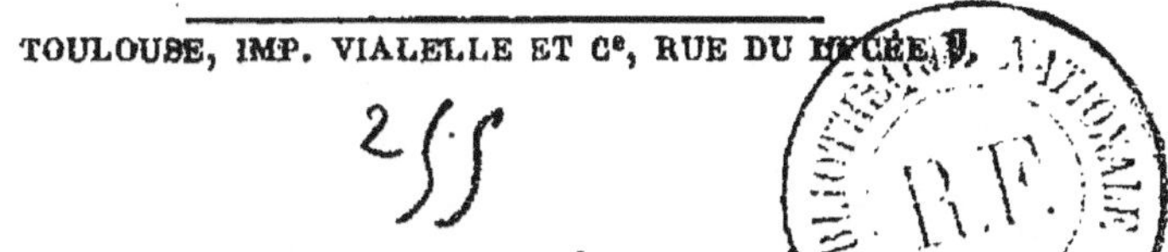